編集部より

百年に一度といわれる不況の嵐が吹き荒れる中、多くの企業がその危機を乗り越えるべく必死の努力を重ねています。このピンチをいかに脱し、チャンスの芽を見つけていけばよいか。その方策を、経営の〝カリスマ〟稲盛和夫氏が本書で明快に語ります。

京セラ、ＫＤＤＩの創業者である稲盛氏は、幾多の困難を乗り越えながら、この二つの会社を世界的な企業に育て上げました。現在は若手経営者の集う「盛和塾」の塾長として経営者の育成に心血を注ぎ、その活動の中で、独自の人生哲学、経営論を語っています。

このたび、一部の経営者しか聴くことのできなかった珠玉のメッセージを、少しでも多くの方に受け取っていただけるように、ＣＤブック（書籍＋ＣＤ）として緊急出版する運びとなりました。

本ＣＤブックが、みなさまにとって明るい未来を築いていく一助となれば幸いです。

本書は、二〇〇八年十一月四日に行われた「盛和塾『やまなし』開塾式」、および同年十二月十七日に行われた「盛和塾関東地区合同例会」での講話を編集してCDに収録し、その内容を書籍にまとめたものです。講演会場にて録音された音源のため、一部お聞き苦しい箇所がある場合がございます。どうかご了承ください。

また、本CDはKCCSマネジメントコンサルティング株式会社より発売された「稲盛和夫経営講話CDシリーズ」特別巻『苦境を乗り越える〜思いやりと誠実な心で、誰にも負けない努力を〜』をもとに作成しました。

書籍は収録した講話を文章にしたものですが、読みやすくするために、一部表現を変えるなど編集を加えてあります。

CDブック

不況を乗り切る5つの方策

目次

不況を乗り切る5つの方策

必死の努力に神は手をさしのべる

装　丁／菊地信義
本文組版／onsight
編集協力／京セラ株式会社　秘書室経営研究部
KCCSマネジメントコンサルティング株式会社
逍遙舎
編　集／斎藤竜哉＋平沢拓（サンマーク出版）

金融危機はなぜ起きたか

すべてはサブプライムローンから始まった

先般からのアメリカに端を発した金融危機は全世界に波及し、たいへんな状況になっていることは、みなさんもよくご存じのとおりです。

アメリカの金融界で起きた問題はヨーロッパ、アジアをはじめ、世界全体に広がり、金融関係の大きな危機になっていくだろうとは思っていましたが、実体経済にまで、これほど急激に影響してくるとは思ってもいませんでした。

あらためてアメリカであのような金融危機がなぜ起きたのか、と考えてみますと、ご存じのようにアメリカでは、信用度が比較的低い階層の人たちに住宅の購入資金を貸し出していました。いわゆるサブプライムローンです。リスクの高い低所得者にも住宅を持ってもらおうと、融資を始めたのが発端です。

このサブプライムローンというのは、最初は低い金利で貸し出し、一年後、二年後、金利がものすごく高くなっていくという仕組みのようです。

もちろん、こうしたローンを利用して住宅を購入した人たちには、当時、アメリカの住宅産業はとても繁栄していたという思いがあったのでしょう。つまり、不動産の価値が年々上がっていたのです。

ですから、貸すほうも借りるほうも、サブプライムローンを利用して住宅を購入しても、一年後、二年後には金利が上がっていくでしょうが、購入した住宅が値上がりをして、十分返済に回していくことができる。

そのようなふれ込みで貸していったのですが、アメリカの住宅不動産のバブルが弾けたことによって、住宅の価格が下落していきました。

そうすると金利はどんどん上がってくる。最初は安かった金利も、年を追うごとに上がっていきます。一定の金利ではありません。

そして、一方で自分が購入した住宅は、値段が下がっていくので、返済のメドが立たなくなり、それが不良債権となって、返済できないという状況に陥りました。

貸し付けていた銀行は住宅を差し押さえ、住宅を取り上げるので、次から次へと空き家になっていきました。

お金を貸した人が返せなくなったから、担保に取っていた住宅を召し上げる。これだけですむならよかったのですが、この貸したお金が莫大《ばくだい》な額になっていた。それを銀行は証券にして、返ってこない可能性がある債権、若干でも問題のある債権を証券に変えて、世界中に売り出していました。

そういうリスクの高い商品というものは、金利が高くなります。サブプライムローンで組まれた証券にも高い金利がつきました。

世界中の金融機関はたくさんお金を持っていますから、少しでも高い利回りの金融商品がないかと探しています。そこに、サブプライムローン関連の証券が売り出されたものですから、とても利回りがいいということで飛びついて買ったのです。そのように、世界中の金融機関がこぞってこの証券を買ったわけです。

ところが、サブプライムローンを利用して住宅を購入した人たちが次から次へと破産していったものですから、これを債券化して売り出していた証券そのものが破綻《はたん》します。

そのために、全世界でその証券を持っていた企業、金融機関は、みなたいへんな不良資産を抱えることになりました。

「ラクをして儲ける」方法がもたらした弊害

金融界はたいへんな技術的進歩をしたといわれています。高い能力をもった数学者、統計学者を入れ、金融商品を近代的な商品にしていこうとしてきたからです。

古い我々からみれば、金融というのは、お金に不足している人がお金を持っている人から借りて、金利を払いながら返していく。そういう単純なものが金融だと思っているのですが、いまはそうではありません。

高等数学を使って証券化という手法を編み出し、いわゆる金融派生商品（デリバティブ）といわれるさまざまな商品をつくり上げました。そういうものを売買すれば、実体経済に比べて何十倍という大きな金額の取引ができ、それによって生まれてくる利益も大きい。そこでデリバティブという商品が世界中を駆けめぐっていった。そういうものを使って、金融で事業ができることになった。

我々は、実物経済の中で生きています。とくに日本の場合はモノをつくって商いをしていますので、苦労します。材料を集め、人を集め、朝から晩までモノづくりをするわけですから。

それに比べて、紙一枚とコンピュータを使うだけで巨万の利益を得ることができる金融というのは、打ち出の小槌《こづち》のようだということで、経済を金融中心にやっていこうとする動きが、ここ十年ほどの間に、アメリカあるいはイギリスを中心に出てきました。

そのようにして、ロンドンのシティには世界の金融が集まってくる。アメリカのウォールストリートにも集まる。どの国でも自国の大都市を金融のメッカにしようと考えて、世界中の金融機関を誘致するということをしていたのです。

ペンと帳面とコンピュータさえあれば、世界中のお金を動かして利益が得られる。つまり、「ラクをして儲《もう》けよう」という傾向が資本主義の最先端であり、そのニューテクノロジーを使って経済を活性化させていくということをしてきたわけです。

我々産業界でもこのさまをみて、ただモノをつくっているだけでは意味がない、金融も手がけるべきだと、金融に手を出した企業がたくさんあり、現在でもたくさんあります。

それはまさに、ラクして儲けようという、人間の貧相な心が、また、とどまることを知らない人間の欲望が、新しい金融商品を生み出し、これを次から次へと世界中に拡大させていった。今回の金融危機の原因はそこにあると、私は思っています。

この金融危機というのは、本をただせば我々人間がもつ際限のない、貪欲《どんよく》なまでの欲望そのものが原因であると断じても、私はおかしくはないと思っています。つまり、人間のもつ貧相な心に原因があったと私は思います。

まずはトップが心をあらためる

思いやりの心がなければ経営はできない

我々は中小企業の経営をしています。そのために一般から、大した仕事ではないと思われているかもしれませんが、我々は五人であれ、十人であれ、従業員を抱えています。従業員にはそれぞれの家族があります。我々には、その家族を含めた従業員たちを守っていく責任があるのです。

日本の産業界のなかで、中小企業が占めている比率というのはたいへん大きなものです。おそらく中小企業で働く人たちの数は、日本の産業人の八割、九割を占めているのではないでしょうか。

そのように五人でも十人でも従業員がいて、その従業員、家族たちを路頭に迷わせてはならないと必死になって経営をしているみなさんに対して、私は、すばらしい経営をしてください、すばらしい経営をしていくためには経営者のみなさん自身の心を高めなければならない、ということをいっています。

経営とは利益を追求しなければならないのだから、えげつない心、貪欲な心がなければ経営はできないと思われがちかもしれませんが、そうではありません。その対極にあるやさしい思いやりの心、つまり、美しい心にならなければ、経営というものはうまくいかないのです。

利他の心が大事なのだ、相手を思いやる心がたいへん大事なのだ。その心を抜きにして経営はできないし、利益をあげることもできない。

そういうことをみなさんも感じ、それを日常の経営に応用しておられる。

いまこそ足るを知る「利他の心」というものを世界中の人

類が受け入れ、いままでの生き方を根本から変えていく大転換のときがきているのではないかと思っています。もしそれをしなければ、近代文明は滅亡への坂道を転がり落ちていくのではないかとすら思っています。

苦しいときこそ助け合いながら耐えていく

江戸時代の近江《おうみ》商人は、売り手よし、買い手よし、世間よしという「三方よし」を商いの極意だとしてきました。モノを売っている自分だけよければいいというのではなくて、売っている私にもよいけれども、それを買ってくれる人にもよいし、社会にとってもよいことなのだというわけです。これが近江商人の商いの神髄であったということを、我々はあらためて考える必要があります。

つまり、人間にとってよきことを貫くことによってビジネスを成功させていこうと、私はみなさんに話してきました。

いま、みなさんもたいへん厳しい状況に置かれていると思いますが、明日の決済ができない、金融機関にお願いに行ってもお金を貸してくれないと、困っておられるところもあろうかと思います。

しかし、いくら困っても、自分だけが生き残っていこうというのではなく、苦しい中をみんなで耐えていくのだ、助け合いながら耐えていくのだという生き方を、ぜひともしていただきたいのです。

悲しいことに、このような不景気になってきますと、大企業のなかにも、派遣社員に期限が来たからと辞めてもらう、寮からも出ていってくれという会社があります。

近代資本主義のなかでは、人件費というのは、「人」ではなくモノだとされています。不景気でどうにもならなくなれば、経費削減のために人件費にも手をつけます。

もし、利他の心、思いやり、慈しみの心というものを経営者が経営の中枢に据えているならば、たとえば社長が自分の給料を三割カットするから、役員は二割、幹部社員を含めた従業員の給料も一割ほどカットして、浮いたお金で派遣社員たちに残ってもらう。そして、「給料を若干下げるけれども、景気が回復するまでの一年間くらい、何とかがんばろうではないか」という提案を組合にする人がいてもいいように思うのです。

そうであれば、おそらく組合の人たちもそれを真剣に聞いてくれて、こういう厳しいときなのだから、みんなして耐えていきましょうといってくれる可能性があるのではないかと思います。

オイルショックをどう乗り切ったか

受注が十分の一に落ちたときに下した決断

一九七三年、第一次オイルショックが起こりました。私がまだ四十代半ばだったころです。

この年の十月六日からオイルショックが始まるのですが、年が明けた一九七四年から、景気はつるべ落としに悪化していきました。

京セラの例をあげれば、年を越して一月に二十七億五千万円あった月当たりの受注が、たった六か月後の七月、十分の一の二億七千万円にまで落ちました。そうなると十分の一しかつくるものがありませんから、従業員の九割は遊ばなければなりません。四十代半ばであった私が初めて遭遇する経済危機でした。

それまで「従業員を大事にする」といって経営をしてきただけに、どうしたものだろうかと悩んだ末、私は従業員たちを集めて、こういうふうに話したのです。

「つくるものがない。この十分の一のものをみんなでつくったのでは能率が悪くなり、たいへん生産性の悪い生産をすることになってしまう。だから、十分の一になった生産を十分の一の人でやろう。余った人には遊んでもらおう。しかし、それではもったいないから、それらの人たちで、工場がくたびれているので清掃しよう。庭もきれいにし、花壇をつくり花を植えよう」

そのようにいって、従業員の人たちに交代で仕事をしてもらい、余った多くの人たちに工場内の清掃、庭の手入れ、花壇の整備、運動場の整備をしてもらう。そういうことを何か月も続けました。

その年の十一月、私は幹部社員たちを集め、社長である私以下、係長までの管理職全員の賃金カットをするといいました。社長の私は三〇パーセント、一番少ない人で七パーセントの賃金をカットし、雇用だけは守っていこうといいました。

賃上げ凍結はどうして受け入れられたのか

当時の日本は、戦後経済が発展しつづけていた時代です。

オイルショックが起きるまで、日本の経済はうなぎ上りに上昇していました。毎年毎年、春闘では、二〇パーセントも三〇パーセントも賃金が上がっていました。

十二月になり、翌年四月の春闘がもう目の前に迫っていました。ところが、仕事がない、注文がないのです。私は京セラの労働組合に対して「翌年四月の賃上げは、どうしても勘弁してくれないか」と、賃上げの凍結を申し入れました。

そのとき私は、翌年の昭和五十年（一九七五年）の昇給に関して、全社員ならびに組合員各位に宛《あ》てて、文書で次のような要請を出しました。

みなさん、ご苦労さまです。最近、大幅に受注が減少しているなかで、それぞれの持ち場で一生懸命がんばっておられることに対し、心から感謝をしております。

このような状況下にあるだけに、私も席の温まる間もなく海外を飛び回っていますが、みなさんのことは片時も忘れたことはありません。それだけに、海外の事情を肌で感じ、その視点から日本、そして京セラを見つめ、常々考えることが多くありました。

私は機会あるごとに、私の考えておりましたことをみなさんにお話をしておりましたが、あらためて今度の労使協議会で具体的に説明させてもらおうと思っております。

このような文書を出して、翌年の賃金凍結を要請したのです。当時の組合員の方々はこれをたいへん真剣に受け止めてくれ、賃金凍結をのんでくれました。

翌年四月、他の会社には軒並み赤旗が立って、労働争議も起こり、組合が賃上げを要求するなかで、京セラの組合だけは、賃金を上げないことを了解してくれたのです。

社員全員が一丸となって会社を守っていく

ところが、当時、京セラ労働組合の上部団体だったゼンセン同盟の幹部は、京セラ労組の判断をけしからんと圧力をかけてきました。

経営者、資本家はいろんなことを理由にして賃金を上げようとしないはずだから、これに屈してはならない。いまこそ強く要求して賃上げを勝ち取るべきだという考え方を、当時の組合の人たちはもっていました。

ですので京セラ労組に対して、賃上げ凍結に納得するなどとんでもない話だとして圧力をかけてきたのです。

それに対して京セラの労働組合は、

「我々は労使一体で企業を守っていこうと思っている。いま現在の会社の状況をみれば、社長が賃上げを凍結してくれというのも無理はない。我々は、だからそれを聞いていこうと思っている。そのことがけしからんというのであれば、我々はゼンセン同盟を脱退する」

と脱退宣言を出したのです。

何千人も加盟している労働組合が上部団体から脱退する。これは上部団体にとってたいへんな屈辱です。組合費の何パーセントかが上部団体に納められているのですから、財源も失うことになりますし、この動きがもし他の労働組合にまで波及した場合には、上部団体そのものの存在価値まで失われるということで京セラの労働組合にたいへんな圧力がかけられました。しかし、京セラ労組の人たちは断固として屈せず、上部団体から脱退してくれました。よくぞそこまで決意してやってくれたと、私はたいへん感謝をしました。

ところが、賃上げの凍結をした年の七月になると、景気がたちまちに回復してきました。（オイルショックから）一年半ほどたって景気が回復し、会社の業績も向上していきました。私は夏のボーナスのとき、組合の要求に一か月分の上乗せをして、三・一か月分のボーナスを七月に支給しました。そして、その次の昇給時には、前回賃上げを凍結した分を加算して、二年分の二二パーセントの昇給をすることを発表しました。

*一九七五年の九月には、京セラの株価が二九九〇円という高値をつけました。当時、日本の株価トップはソニーでしたが、これを抜き、日本で一番高い株価を示したのです。

つまり、従業員の人たちといっしょになって不況を乗り切ってきたことが、この結果になったのだと思っています。

受注がわずか数か月で十分の一にまで減っていくというすさまじい不況に遭遇したときに、まだ若かった私は、いま話したようなことをしたわけですが、いまみなさんがたも、歯を食いしばって従業員とともに耐えて、がんばっていただきたいと思っています。

＊音声では「一九七六年」となっていますが、正しくは「一九七五年」です。

不況を乗り切る5つの方策

1

考え方を共有し、社内の融和・団結を図る

ここからは、不況対策をどうすればよいかということについて述べていきたいと思います。

不況になれば、当然厳しい状況になってきます。このとき、一番目に考えなければならないのは「社員との融和・団結を図る」ということです。

私はずっと、フィロソフィの話をしてきました。フィロソ

フィとは考え方のことですが、考え方を従業員に話し、従業員に理解してもらい、その考え方をいっしょに共有するということです。

つまり、トップの社長も従業員も同じような考え方、同じような思想、同じような哲学をもつようにしてください。それは末端の従業員、つまり、アルバイト、パートのおばさんに至るまで同じような気持ちになるところまでフィロソフィを伝えてください。そういってきました。

フィロソフィをただ話すだけではありません。みんながいっしょになって理解し、共有してくれるところまでいかなければならないのです。

理解し、共有している状態とは、社長は従業員のことを思い、従業員は社長のことを思ってくれる。そういう関係になることを、私は「フィロソフィを共有する」というふうにいっているわけです。

不況になれば、社長として、経営者としてたいへん不安になります。真っ暗闇《くらやみ》の中、ひとりで提灯《ちょうちん》をさげて歩いていくような、足元のおぼつかない細い道をひとりで歩いているような気持ちになります。想像するだけでも、まさに心細いはずです。

よく時代劇などを見ておりますと、問屋の旦那《だんな》さんが夜道を歩くとき、丁稚《でっち》が提灯をさげて前を歩いてくれる。大店《おおだな》であり、お金持ちの問屋の旦那衆が夜道を歩くのに、頼りなさそうな丁稚が提灯をさげて先を歩いてくれている。それだけでも心強いのです。

ましてや、この不況です。社長は誰にも頼ることができません。まさに足元が危うい中を提灯をさげ、歩かなければなりません。

心細い、誰か一人だけでも自分といっしょに歩いてくれないかという気持ちが出てくるはずです。

そういうなかで、かねてから社長が従業員のことを思い、従業員は社長のことを思いやってくれる。そういう人間関係がつくられているのか、いないのか。不況のときには、それが大きな影響を及ぼすのです。

とくに不況になれば、これまでのようなボーナスは出せそうにない。相当な減額をしなければならない、社員に辛抱してもらわなければならない。そういう状況があるはずです。

また極端な場合には、このままでは人件費を払っていけそうにないから、辞めてもらわなければならない。つまり、リストラをしなければならない、という会社もあるかもしれません。

これまでは、きれいごとですんでいた従業員と社長との関係も、ボーナスを減らすとか、リストラをして解雇しなければならないという事態が従業員の側にひしひしとのしかかってくれば、いままでよい関係だと思っていたにもかかわらず、必ずガタがきます。従業員は不安になっていきますし、社長への気持ちも離れていってしまうのです。

こういう不況のときにこそ団結をしなければならず、ボーナスが減るかもしれないというときに「社長、いいですよ。我々もがんばってついていきますよ」といってくれるような、つまり暗闇の中、提灯をともして社長の前を歩いてくれるような人がいてほしいと思っているのに、いままで平和で、景気のよいときにはついてきてくれた従業員たちがそっぽを向いてしまうのが一般の姿です。

そういうことがあってはならないからこそ、従業員と考え方、フィロソフィを共有するように、社内で輪読会やコンパを開いたりして、従業員が同じ気持ちになるようにしていきなさいよということを、口が酸っぱくなるほど話してきたのです。

それがまだ不十分であったとすれば、いまからでも遅くありません。厳しい不況になっていくであろうということを前もって従業員に話し、そして話しつづけていくのです。

「たしかにボーナスを減らさなければならないかもしれない。しかし、私は命を賭《か》けて、この会社を守っていくつもりだ。また、残った人たちを大事にしていくつもりだ。私を信用してついてきてくれ。よい条件でよいことをしてあげられないかもしれないが、いまにがんばって、きっと必ずボーナスもたくさん払えるような状態にしていくつもりだ。私を信じてついてきてほしい」

そういうことを切々と従業員に訴え、わかってもらうということを、いましなければなりません。

従業員が社長を信頼してくれるように話し込んでいくということ。

これは、社長が裸になって、いまの苦しい状況を従業員に率直に訴えるということです。

「こういう状況だけれども、私は歯を食いしばってがんばっていくつもりだ。だから、みなさんにもついてきてほしい」と赤裸々に話していくべきだと思います。

従業員との関係ができ上がっていなければ、いまからでもすぐに手をつけて、従業員と話をしてください。たくさん集めて話をするよりは、一対一で話をしていかれるべきだと思います。

「今後はたいへん厳しい不況になっていくかもしれないが、私は必死でがんばっていく。一人でも雇用を守り、ボーナスを減らさないようにやっていこうと思っている。厳しいこともいうかもしれないが、ついてきてほしい」

そういうことを従業員に話し、赤裸々に打ち明けながら、従業員の協力を得られるようにすべきだと思います。

2
徹底した経費削減で高収益体質をつくる

二番目は、あらゆる経費を削減するということです。経費の削減ということが、たいへん大事なのです。

中小零細企業では、毎月毎月の損益計算書をつくっていらっしゃらないところが大半だと思いますが、できるだけ毎月、損益計算書をつくらなければいけません。

損益計算書が経営の羅針盤です。損益計算書をみながら、会社経営をしていかなければならないのです。ところが中小零細企業では損益計算書をつくってもらってもいないし、これをみて経営もしていません。

不況になってくると経費を削減しますが、その削減の第一番目が製造原価を少なくするということなのです。製造業の場合にはここに材料費等、いろんなものが入りますから、それを減らしていくということです。

次に「販売費及び一般管理費」とあります。ここにはいろんな勘定科目が出てきますから、「これだけの売り上げなのに、これだけの経費を使っていたのか」ということがわかります。これを、こんなに使っていたのか、一割減らそう、どうやって減らそうか、などと、各項目ごとに細かく減らしていくことが経費削減なのです。

たとえば、よく工場の事務所で使っているムダな電気は使わないでおこうと、電気を消して歩くということがありますが、それは知れたものです。

販売費及び一般管理費の勘定科目を一つひとつ、どうすれば減らしていけるのかということをみていく。その資料がなければ、まずそれをつくってもらうことです。

直近の月ごとの損益計算書をつくり、勘定科目をみながら、それを減らしていくということを必死になってやらなければなりません。

会計や簿記ということを我々経営者は、まず勉強していません。本来はどんな零細企業であっても、会計や簿記を勉強しなければ、ほんとうの経営はできないのです。ですからせめて、いまからでも損益計算書をみること、そしてその内容を理解することくらいはしなければなりません。

会計士さんに損益計算書をつくってもらえば、費用の科目が全部出てきます。

（私も相談を受けた経営者の方に）その勘定科目をみながら、

「ここところを抑えていこうというふうにしていく。そうすれば一〇パーセントくらいの利益は出るはずです。あまりにも細かいことをみていらっしゃらないから、繁盛しているにもかかわらず、赤字になってしまったのです」

と話してあげることもありますが、繁盛しているようにみえても、細かい経理関係をみていらっしゃらない方は多いはずです。毎月毎月は無理かもしれませんが、せめて三か月にいっぺんは損益計算書をつくって、利益が出たのか、赤字になっているのか、赤字であった場合には、どの経費を抑えれば黒字になるのかということをみていく。

とくに不景気になり、売り上げが減少していけば、経費の削減は喫緊の課題になります。ぜひともそういうふうにしていただきたいと思っています。

徹底して経費を削減していくという努力をして、不況で売り上げが二割落ちたけれども、何とかかろうじて経営ができる——、材料費もうんと少なくした、販売費及び一般管理費もうんと減らした。それによって売り上げが従来より二割落ちたけれども、何とか損益トントンになったとすれば、売り上げが増えてもとの状態になったときには利益がしっかりと出るのです。

この不況のときに経費を節減し、何とか赤字が出ないようにがんばっていくということは、次に景気が回復したとき、高収益企業になっているということなのです。このときに経費を減らすことができなければ、景気がよくなっても、売り上げは増えたけれども経費も増えていくということになって、何にもならなくなってしまうわけです。

いま経費を減らしておけば、次に売り上げが増え、注文が増えてきたときには必ず、いままで考えたこともないくらいの大きな利益が出る企業になっていけるのです。

ですから、いまを必死に食いしばっていくだけではなくて、将来、景気が回復したときによい思いをするためにも、損益計算書をつくり、勘定科目ごとに細かく経費をみていくようにしてください。

3

トップが自ら動き、営業力を強化する

三番目は、営業に力を入れるということです。

いままでのお客さんからの注文が一割、二割と減ってきま

す。ですから、同じお客さんのところを回ってもなかなか増えません。今度は客先を増やしていく。他のお客さんを増やすのです。

ただし、営業の人間に行ってこい、行ってこいというのではなくて、社長自らが足を棒にして、新しいお客さんを開拓していかなければなりません。

このときの要諦《ようてい》は、ただ「注文をください」といって回るのではありません。もちろん注文をくださいといわなければなりませんが、お客さんが注文をくださるとすれば、我々はそのお客さんに何をしてあげられるのかということを考えることです。

ウチの商品を買っていただければ、お客さんにはこういうメリットがありますよという、つまりお客さんに利益が出るような、お客さんが喜んでくれるようなものを提案しなければならないのです。でなければ、お客さんから注文をいただくことはできません。

自分が苦しいからというので、「注文をください」「注文をください」といってお客さんを回ってみても、簡単に注文はもらえません。

値段を安くするというだけではなくて、私の会社と取引をしていただければ、お客さんにはこういうメリットがあります、私どもはこういうことをして差し上げられますということを訴えていくのです。

たとえば、値段を安くというだけではなく、サービスの面でもこのようなことができます、というのです。

京セラがまだ中小零細企業だったときに、私はよく「営業というのは召使いみたいなものだ」ということをいっていました。

お客さんからアゴで使われても不服をいわず、夜中に持ってこいといわれれば、夜中でも持っていく。召使いみたいに仕えることがお客さんのハートをつかむもとになると思ったので、私はそういうことをしましたし、従業員にもそのようにしてくれといいました。

そういう、お客さんの希望することをきめ細かくすれば、必ずお客さんは「ヨソへ注文するくらいなら京セラに注文しよう」ということになります。

ぜひ、営業に力を入れてください。売る方法にも創意工夫をして、営業を強化してください。

4

新製品・新商品の開発に力を入れる

四番目は、このときにこそ、新製品、新商品の開発に努めることが大事になってくるということです。

注文が激減しているわけですから、従来の製品では売り上げが立たない。しかし不況の中でも、マーケットが求めているものは必ずあります。

つまり、市場が欲しがっているものは必ずあるはずです。

それは何なのかということを、トップ外交、トップセールスで走り回っているなかで見極めていく。

そして、マーケットがこういうものを求めているのなら、それをつくろう、それを開発しようというふうにしていく。これが新製品開発につながるのです。

製造業ではない場合には、そういう商品を仕入れてくる。そういうものが売れるのなら、そういう商品を仕入れて売るのです。

不況のときこそ、新製品、新商品の開発ができるのです。こちらも生きるか死ぬかという必死の勢いで研究をしますし、新商品の開発に努めますから、不況こそ、もっとも新製品、新商品が開発できるときなのです。

5

知恵をしぼり切って創意工夫に努める

そして、五番目に、すべての面で創意工夫に努めて、景気がよくなったときに発展する芽をつくるということが非常に大事です。

営業でがんばっていこうとすれば、当然、創意工夫がいります。

お客さんにどういうサービスを提供すればよいのか、お客さんにどういうメリット、どういう利点が提供でき、どうすればお客さんが喜んでくれるのか、そういうことを創意工夫で、自分で工夫して考えなければなりません。

みなさんの仕事はそれぞれに違いますから、誰に教わるわけではなく、自分で考えなければならないのです。苦しいときは苦しいだけに一生懸命に考えて、どういうことをお客さんに提案すれば注文をくれるのだろうかということを考えながら、ぜひ営業をしてほしいと思います。

もう一つ、営業を伸ばしていくためには、いままでの取扱商品を超えたものを扱うということも必要かもしれません。

これは、これまで何回もしてきたお話です。

セラミックというのは、硬くて摩耗しない物性をもっています。着物をつくったり洋服をつくったりする織り機は、もともと、糸がピューッと走るところに金属を使っていました。糸はやわらかいようにみえますが、ものすごい高速で走りますから、金属の棒などはたちまちに熱をもって摩耗してしまう。そこにたいへん硬く、摩耗しない物性をもつセラミックを使えばよいということになって、繊維機械にはたくさんのセラミックが使われるようになりました。

ところが不況になると、繊維産業そのものが落ち込んでいきます。繊維機械用のセラミックをもっと、何としてでも売らなければならない。

ウチの営業に気の利いた男がいて、静岡にある釣具屋を訪ねていきました。投げ釣りなどをするとき、リールのついた竿《さお》を使いますね。竿にはリングがついていて、そこを釣り糸がピューッと走る。従来は金属のリングがついていたものですから、セラミックのリングにしたらどうでしょうかという提案をしたのです。

「セラミックは摩耗に強く、摩擦抵抗も少ない。金属よりも適していますよ」

「それはいくらするのだ？　金属の金具なら一円、二円のものなのに、セラミックになれば何十円、何百円というものを何個もつけなければならない。そんなものつけられるか」

「いえ、金具をセラミックに変えれば、釣り具自体ががらりと変わるはずです」

その釣具屋の旦那さんはおもしろい人だったとみえて、やってみようということで、セラミックのリングをつけた竿で投げ釣り、遠投げをしてみました。すると、セラミックは摩擦抵抗が非常に少ないものですから、金属のリングと比べてはるかに遠くまで飛んでいく。

また、大きな魚がかかったとき、いっきにリールで巻き取ります。そのとき、金属のリングだった場合には摩擦で熱をもつので、大物がきたときに思いっきり引っ張ると、ナイロン製のテグスが熱のためにプツンと切れてしまうのです。よく「バラしてしまう」というのですが、セラミックのリングにすると、いままでの何倍という負荷がリングにかかってもテグスが切れない。

これはすばらしいということで、その釣具屋さんは竿にセラミックのリングをつけて、値段は高いがすばらしい商品だとして売り出しました。これがみるみる広がって、いまでは全世界の釣り具にセラミックのリングがついているというところにまでなっています。

これは、不況のとき、従来の繊維機械用のセラミックだけでは注文が減ってしまう。何とかマーケットを広げていきたいと考えた若い営業が足繁《あししげ》く、一生懸命釣具屋さんに通い、新しい市場をつくっていったという創意工夫なのです。

売り上げを増やし、営業を伸ばしていくのも、みんなして創意工夫をしていく。

どうすれば注文が取れるのか、どんなものを扱えばよいのか、ない知恵でもいいから考えてみるということがたいへん大事です。

必死の努力に神は手をさしのべる

一人ひとりが「誰にも負けない努力」をせよ

みんなで「誰にも負けない努力をする」ということ。それをこれまでいってきただけでなく、不況に突っ込んでいくいまこそ、誰にも負けない努力を社長自らがしなければなりません。また、同時にその社長を見習い、従業員も誰にも負けない努力をするという社風を、会社の中につくっていかなければなりません。

「誰にも負けない努力」というのは、たいへん厳しいことです。それは、必死で生きるということです。

自然界をみれば、動物も植物も、みんな必死になって生きています。いい加減に、ナマクラに生きているのは、人間だけなのです。人間には知恵がありますし、豊かな文明に恵まれていますから、ナマクラでも何とか生きていくことができます。

最近ではパラサイトといって、三十歳になっても四十歳になっても親の世話になり、働きもしない若者がいると聞いていますが、これは人間だけです。

動植物をみていると、夏の最中に、石垣の石と石との間に雑草が生えています。あるいは熱いアスファルトの割れ目から、雑草が芽を出したりしています。日照りが続けば、石もアスファルトも焼けつくような熱さとなり、雑草たちはおそらく枯れてしまうでしょう。それでも必死に、わずかの雨が降るたびに背を伸ばし、短い夏の間に花を咲かせ、実をつけて一生を終わろうと必死に生きています。

以前、砂漠に生える植物の映像を見たことがあるのですが、砂漠には年一回か二回ほどしか雨が降りません。その一回か二回かの雨が降った直後、あの砂漠の中で植物たちが一斉に芽を出すのです。

そして水があるわずかひと月くらいの間に葉を出し、花を咲かせ、実をつけて、種を落として枯れてしまいます。そして翌年の、いつ降るのかは知らない雨が降るときまでに、種を砂漠の中に置いて死に絶えていくのです。わずかに短い一回の雨が降ったときに一斉に芽を吹き、必死で生きて、子孫をあとに残していくのです。

この自然界は植物でも動物でも、必死になって生きていかなければ、生き延びていくことはできないのです。人間だけがナマクラで生きているのです。

必死の努力は必ず報われる

いままでも私は「誰にも負けない努力をする」といってきましたが、いまこの不況のときこそ、誰にも負けない努力を、ぜひしていただきたい。この不況のときを歯を食いしばり、必死になって耐えてください、といいたいのです。

一生懸命にがんばり、必死になって努力をしていきさえすれば、会社も何とか持ちこたえていけるでしょうし、何より誰にも負けない必死の努力をしている姿を、神は、自然は見ています。

そのあまりにも必死な努力に対しては、神さまは必ず助けを出してくれます。神仏は必死に生きている者に対して、必ずや手助けをしてくれます。神の加護があるはずです。

たとえば思いもよらない注文が舞い込んできたり、思いもよらない従業員が「社長、私ががんばりますよ。社長についていきますよ」といってくれたり、そういう思いもかけなかったようなことが、次から次へと起きてきます。

社長があまりにも必死で、まじめで、一生懸命になっているために、神仏が加護を与えてくれる。そうなるような努力をしていくべきだと思っています。

人類が共存できる社会をつくるために

人類の文明史を俯瞰《ふかん》的にみても、人類の傲慢《ごうまん》さ、貪欲さが、今日の金融危機と不景気を招来したのではないかと思います。

しかし、これまでを反省し、足るを知るということをしていったのでは経済は成長しないし豊かにもならない、現状のフラットを続けていったのでは世界経済は沈滞する、として、おそらくこの不景気が回復したら、再びさらなる経済成長を求めて、世界中は動きはじめていくのだろうと思います。

おそらくそういうことをくり返していきながら、人類は現代文明の滅亡へと転がり進んでいくのかもしれません。

しかし、我々はこの短い一生の中で必死にがんばって、人類の方向まで変えることはできませんが、少なくとも我々の会社だけは守り通していく、地域社会だけは我々の手で守っていく。みなさんの会社が立てつづけにつぶれていくようになれば、みなさんの町も村も、地域の社会は混乱をしてしまいます。何としてもがんばっていただきたいと思っています。

少しでも人類が生存していけるような社会にしていく。その前に、自分の企業が存続していけるよう、ぜひともがんばっていただきたいと思っています。

稲盛和夫（いなもり・かずお）一九三二年、鹿児島生まれ。鹿児島大学工学部卒業。五九年、京都セラミック株式会社（現・京セラ）を設立。社長、会長を経て、九七年より名誉会長。また、八四年に第二電電（現・ＫＤＤＩ）を設立、会長に就任。二〇〇一年より最高顧問。一九八四年には稲盛財団を設立し、「京都賞」を創設。毎年、人類社会の進歩発展に功績のあった人々を顕彰している。他に、若手経営者が集まる経営塾「盛和塾」の塾長として、経営者の育成にも心血を注ぐ。

主な著書に『生き方』『稲盛和夫ＣＤブックシリーズ いま、「生き方」を問う』①②③（いずれも小社）、『ガキの自叙伝』（日本経済新聞出版社）、『君の思いは必ず実現する』（財界研究所）、『人生の王道』（日経ＢＰ社）、『「成功」と「失敗」の法則』（致知出版社）、『働き方』（三笠書房）など。

[稲盛和夫オフィシャルホームページ]

http://www.kyocera.co.jp/inamori

CDブック

不況を乗り切る5つの方策

二〇〇九年　六月十五日　初版印刷
二〇〇九年　六月三十日　初版発行

著　者　稲　盛　和　夫

発行人　植　木　宣　隆
発行所　株式会社 サンマーク出版
〒一六九-〇〇七五
東京都新宿区高田馬場二-一六-一一
（電）〇三-五二七二-三一六六

印刷・製本　共同印刷株式会社

ISBN 978-4-7631-9937-9　C0030
ホームページ　http://www.sunmark.co.jp
携帯サイト　http://www.sunmark.jp